DESSERT

pour diabétique

30 recettes desserts sans sucre pour tous les jours

ANNA GAINES

Table des matières

Introduction

Le diabète peut être une maladie grave et handicapante. Pour ceux qui souffrent de cette maladie, un régime alimentaire approprié est extrêmement important. La consommation d'une alimentation riche en légumes et en fruits est essentielle pour contrôler le diabète, et il est tout aussi important d'éviter certains aliments qui peuvent aggraver le diabète. L'une des principales causes du diabète est la consommation d'une mauvaise alimentation qui contient de grandes quantités de calories, de sodium et de sucres.

Voici quelques conseils utiles pour contrôler le diabète :

- Consommez des glucides sains, qui ont un indice glycémique plus faible et vous donneront une sensation de satiété plus longtemps. Les glucides sains comprennent les céréales complètes, les fruits, les noix et les haricots.

- Intégrez des fruits de mer frais dans votre alimentation. Le saumon, le cabillaud et le thon sont pauvres en matières grasses et certains poissons comme le saumon sont des sources naturelles d'acides gras oméga-3.

- Consommez des repas bien équilibrés. Les bons repas doivent être composés d'au moins la moitié de légumes, et seul ¼ de votre repas doit contenir de la viande !

Un régime alimentaire sain pour les diabétiques est une question d'équilibre. Tant que l'on tient compte de la modération, une petite quantité de sucre est prise en compte dans la quantité totale de glucides de votre régime. En règle générale, les diabétiques doivent essayer de réduire la consommation d'aliments et de boissons contenant de grandes quantités de sucre, car ils peuvent rendre le contrôle de la glycémie et du poids plus difficile.

À l'heure du dessert, les diabétiques doivent faire preuve de prudence, car un pic de sucre dans le sang peut être problématique. Mais cela ne veut pas dire que le dessert est une chose à laquelle les diabétiques doivent renoncer.

Parfois, un dessert diabétique à faible teneur en glucides qui ne gâche pas votre glycémie est une meilleure option et, heureusement, il existe de nombreuses recettes délicieuses de desserts sans sucre.

Toutes les friandises de ce livre sont suffisamment savoureuses pour être servies à des personnes avec ou sans problème de glycémie. De plus, il peut être bien moins coûteux de préparer soi-même des desserts adaptés aux diabétiques que de se fier aux options proposées dans les magasins.

Le plus beau dans les desserts, c'est qu'ils peuvent être préparés avec de nombreuses options plus saines et naturellement sucrées si elles sont utilisées correctement, c'est pourquoi nous allons vous montrer comment.

À chaque page de ce livre, vous découvrirez une toute nouvelle façon de satisfaire votre envie de sucreries après un repas copieux sans aucune présence de sucre raffiné.

Recettes desserts sans sucre

Bouchées de chocolat aux amandes

Rendement : 12 portions

Ingrédients

- 100 g d'amandes
- ¼ tasse (70 g) de beurre d'amande
- ⅓ tasse (65 g) d'huile de coco, fondue
- ¾ tasse (50 g) de noix de coco râpée
- 2 cuillères à soupe de sirop de riz
- 1 cuillère de cannelle moulue
- 1 cuillère d'extrait de vanille
- 5 tasses (100 g) de riz soufflé
- ⅔ tasse (160 ml) de sirop d'érable
- ⅔ tasse (70 g) de poudre de cacao

Préparation

1. Graissez un moule à muffins de 12 trous et recouvrez-le de papier sulfurisé.

2. Faites passer les amandes au robot ménager jusqu'à ce qu'elles soient grossièrement hachées. Ajoutez le beurre de noix, l'huile de noix de coco, la noix de coco râpée, le sirop de riz, la cannelle, la vanille et 2 cuillères de sirop d'érable, puis mixez par pulsation.

3. Répartissez le mélange dans les trous du moule à muffins, en utilisant une cuillère pour presser. Mettez le moule au congélateur pendant 10 minutes ou jusqu'à ce que le mélange soit légèrement raffermi.

4. Pendant ce temps, pour faire la garniture, mélangez un peu d'huile de noix de coco supplémentaire, de poudre de cacao et le reste du sirop d'érable dans une cruche.

5. Répartissez la préparation dans les trous de muffins au-dessus du mélange d'amandes. Laissez la préparation congeler pendant 30 minutes supplémentaires ou jusqu'à ce que le chocolat soit ferme. Retirez les bouchées du moule et gardez-les au frais si vous ne les servez pas immédiatement.

6. Garnissez les bouchées d'un supplément d'amandes et de noix de coco râpée pour les servir.

Truffes au fromage

Rendement : 24 truffes

Ingrédients

- 225 g de fromage à la crème, ramolli
- ¼ tasse de beurre non salé, ramolli
- ½ cuillère d'extrait de vanille
- 115 g de chocolat noir, haché
- 20 g de beurre de cacao

Préparation

1. Tapissez une plaque à pâtisserie de papier sulfurisé.

2. Dans un grand bol, battez le fromage à la crème et le beurre au batteur électrique jusqu'à consistance homogène. Incorporez l'extrait de vanille en battant jusqu'à consistance lisse.

3. À l'aide de mains mouillées, roulez le mélange en petites boules et placez-les sur la plaque à pâtisserie tapissée. Congelez jusqu'à ce que le mélange soit ferme, 3 à 4 heures.

4. Dans un bol, faites fondre le chocolat et le beurre de cacao dans une casserole d'eau à peine frémissante, en remuant jusqu'à l'obtention d'un mélange homogène. Retirez la casserole du feu.

5. En travaillant avec une boule à la fois et en gardant les autres boules dans le congélateur pour qu'elles restent fermes, déposez une boule dans le chocolat fondu. Bien remuer pour bien enrober la boule et soulevez-la avec une fourchette, en tapotant fermement la fourchette sur le bord du bol pour enlever l'excédent de chocolat.

6. Placez la boulette sur la plaque à pâtisserie recouverte de papier sulfurisé et laissez-la durcir. Répétez l'opération avec le reste des boulettes.

7. Arrosez les boulettes enrobées avec le reste du chocolat de façon décorative.

Pudding aux dattes

Rendement : 8 portions

Ingrédients

- 375 g de dattes fraîches, dénoyautées
- 150 g de farine de sarrasin
- 3 tasses (300 g) de farine d'amandes
- ⅓ tasse (35 g) de cacao brut en poudre
- 1 gousse de vanille, fendue, graines grattées
- 1½ cuillère de bicarbonate de soude
- 225 g d'huile de coco solidifiée
- 150 g de chocolat noir, finement haché
- 6 œufs, légèrement battus
- 300 ml de babeurre

Pour la sauce chaude à la vanille

- 800 ml de lait de coco
- 200 g de dattes fraîches, dénoyautées
- 2 gousses de vanille, fendues, graines grattées

Préparation

1. Préchauffez le four à 180 °C et graissez un plat de cuisson de 2,5 litres.

2. Placez les dattes dans un bol et couvrez-les avec 3 tasses (750 ml) d'eau bouillante. Faites-les reposer pendant 10 minutes pour qu'elles ramollissent, puis égouttez-les et hachez-les finement.

3. Pour préparer le pudding, placez les dattes hachées et le reste des ingrédients dans un bol et remuez pour combiner.

4. Étalez la pâte dans le plat préparé, en lissant la surface avec un couteau à palette, et faites cuire au four pendant 50 minutes à 1 heure ou jusqu'à ce qu'une brochette insérée dans le pudding en ressorte propre.

5. Pendant ce temps, pour la sauce chaude à la vanille et à la noix de coco, combinez tous les ingrédients dans une casserole à feu vif et faites mijoter. Retirez du feu, passez au mixeur et faites tourner jusqu'à ce que le mélange soit lisse. Laissez infuser pendant 10 minutes.

6. Sortez le pudding du four et, à l'aide d'une brochette, percez des trous du haut vers le bas. Versez un tiers de la sauce sur le pudding chaud et laissez reposer pendant 5 minutes ou jusqu'à ce que la sauce soit légèrement absorbée.

7. Servez chaud avec le reste de la sauce.

Rawmisu

Rendement : 4 portions

Ingrédients

- 150 g de pruneaux dénoyautés, grossièrement hachés
- ½ tasse (125 ml) d'espresso
- 3 cuillères de cacao
- 1 cuillerée de café fraîchement moulu
- ⅓ tasse (80 ml) de sirop de riz
- ½ tasse (80 g) de graines de chia blanc
- 400 ml de lait de coco
- 2 cuillères d'extrait de vanille

Préparation

1. Faites tremper les pruneaux dans de l'eau et de l'espresso. Laissez le mélange reposer pendant 3 heures.

2. Pendant ce temps, mélangez dans un bol le cacao, le café moulu, 2 cuillères à soupe de sirop de malt de riz, ¼ de tasse (40 g) de graines de chia, 150 ml de lait de coco et 185 ml d'eau chaude. Remuez pour bien mélanger, puis transférez dans un récipient hermétique et mettez au réfrigérateur pendant 3 heures.

3. Placez la vanille et ¼ de tasse (40 g) de graines de chia restantes, 2 cuillères à soupe de sirop de riz et 250 ml de lait de coco dans un autre bol et remuez pour bien mélanger, puis transférez dans un récipient hermétique et mettez au réfrigérateur pendant 3 heures.

4. Pour servir, fouettez la chia à la vanille et au chocolat à l'aide d'une cuillère pour le ramollir. Répartissez les pruneaux dans 4 verres de service. Recouvrez avec la moitié de la mousse de

chia à la vanille, puis avec la mousse de chia au chocolat, et enfin avec une dernière couche de mousse de chia à la vanille. Saupoudrez le tout d'un supplément de cacao et parsemez de pointes de cacao.

Tarte à la crème au citron

Rendement : 4 portions

Ingrédients

- 375 g de pâte feuilletée en bloc
- 250 g de myrtilles

Pour la crème au citron

- 6 œufs
- Jus de 2 citrons, zeste finement râpé
- ⅓ tasse (115 g) de miel
- 1 tasse (250 ml) d'huile de coco, fondue

Préparation

1. Pour la crème au citron, mettez tous les ingrédients dans une casserole à feu doux, en fouettant pendant 2 à 3 minutes jusqu'à épaississement. Laissez le mélange refroidir pendant 1 à 2 heures pour que le mélange épaississe encore.

2. Étalez la pâte en un rectangle de 15 cm x 30 cm. Posez-la sur une plaque de cuisson tapissée de papier sulfurisé et piquez-la de tous côtés à l'aide d'une fourchette. Couvrez avec une autre feuille de papier sulfurisé et une autre plaque de cuisson, puis faites cuire au four à 180 °C pendant 15 minutes ou jusqu'à ce que la pâte soit croustillante et dorée. Laissez-la refroidir.

3. Tartinez la pâte croustillante de crème au citron et recouvrez-la de myrtilles. Arrosez le tout de miel supplémentaire pour servir.

Yaourt à la mangue et au curcuma

Rendement : 4 portions

Ingrédients

- 3 mangues, pelées, hachées
- 1 kg de yaourt à la noix de coco
- 1 cuillère de curcuma moulu
- ¼ tasse (60 ml) de sirop d'érable
- 1 cuillère de pâte de vanille

Préparation

1. Mixez la mangue dans un mixeur jusqu'à ce qu'elle soit lisse. Placez la mangue dans un bol avec tous les autres ingrédients et fouettez pour bien mélanger. Versez le mélange dans un récipient peu profond et congelez-le pendant 2 heures ou jusqu'à ce qu'il soit gelé sur les bords. Sortez le mélange du congélateur et battez-le avec un batteur électrique. Remettez le mélange dans le récipient et congelez-le à nouveau. Répétez l'opération jusqu'à ce que la consistance du mélange soit molle.

2. Versez le contenu dans une poche à douille munie d'un embout de 2 cm, puis dans quatre verres de 375 ml. Saupoudrez les yaourts d'un peu plus de curcuma et servez immédiatement.

Mousse au chocolat et à l'avocat

Rendement : 4 portions

Ingrédients

- 2 bananes mûres, pelées, coupées
- 2 avocats mûrs, chair écrasée
- 2 cuillères de beurre de noisette ou d'amande
- 40 g de cacao en poudre
- 2 cuillères de lait de coco
- 250 g de framboises

Préparation

Placez les bananes, les avocats, le beurre de noix, la poudre de cacao, le lait de coco et une pincée de sel dans un mixeur et fouettez jusqu'à ce que le mélange soit lisse. Versez dans un plat de service peu profond, puis couvrez le plat et mettez-le au réfrigérateur pendant 30 minutes ou jusqu'à ce qu'il soit pris. Saupoudrez le plat avec les éclats de cacao et les framboises pour servir.

Cheesecake à la ricotta

Rendement : 10 portions

Ingrédients

- 250 g de fromage à la crème, ramolli
- 225 ml de sirop d'érable
- 2 œufs
- Zeste d'une orange, plus le jus de deux oranges
- 1 cuillère de fécule de maïs
- 1 cuillère de cannelle moulue
- 1 kg de ricotta fraîche
- 1 gousse de vanille, fendue, graines grattées
- 250 g de myrtilles
- ½ tasse (75 g) de noisettes, hachées

Préparation

1. Préchauffez le four à 180 °C. Battez le fromage à la crème et ½ tasse (125 ml) de sirop d'érable à l'aide de batteurs électriques à haute vitesse pendant 5 minutes ou jusqu'à ce que le tout soit combiné. Ajoutez les œufs, le zeste d'orange, la fécule de maïs, la cannelle et la ricotta, et battez encore pendant 5 minutes ou jusqu'à ce que le mélange soit lisse et homogène. Transférez dans un plat de cuisson de 1,3 l, puis faites-le cuire pendant 40 minutes ou jusqu'à ce qu'il soit doré et ferme, mais que le centre soit légèrement voûté. Laissez le plat refroidir, puis réfrigérez pendant 3 heures.

2. Avant de servir, préchauffez le four à 180 °C. Mélangez le jus d'orange, la gousse et les graines de vanille et les 100 ml de sirop d'érable restants dans une petite casserole à feu moyen, en remuant jusqu'à ce que le mélange soit réduit et épaissi. Placez les myrtilles dans un plat de cuisson et versez 2 cuillères de sirop d'orange, en réservant le reste pour le service. Faites rôtir pendant 12 à 15 minutes jusqu'à ce que les

baies commencent à éclater. Laissez-les refroidir pendant 5 minutes.

3. Garnissez le cheesecake avec les noisettes, les myrtilles et le reste du sirop d'orange.

Crème glacée à la banane

Rendement : 1¼ litre

Ingrédients

- 9 bananes mûres, coupées en morceaux, congelées
- ¾ tasse (185 ml) de lait d'amande
- 1 cuillère de pâte de vanille
- ½ tasse (60 g) d'éclats de cacao
- ½ tasse (50 g) d'amandes effilées

Préparation

1. En 3 fois, mixez les bananes, le lait et la pâte de vanille dans un robot ménager, en raclant les côtés avec une spatule, pendant 2 à 3 minutes jusqu'à obtenir une texture lisse. (Le mélange deviendra dur et friable avant de devenir crémeux).

2. Transférez chaque lot dans un grand bol, puis remuez en y incorporant les éclats de cacao et les amandes. Versez les bols à la cuillère dans un récipient de 1,25 l (5 tasses). Servez immédiatement.

Muffins à la banane

Rendement : 12 portions

Ingrédients

- 340 g de quinoa, cuit
- 140 g de farine de blé complet
- 2 cuillères de levure chimique
- 2 cuillères de graines de lin
- 4 bananes mûres, écrasées
- 2 patates douces, bouillies et écrasées
- 240 g de compote de pommes, non sucrée
- 1 cuillère de cannelle
- 1 cuillère de sel

Préparation

1. Préchauffez le four à 200 °C.

2. Dans un bol, mélangez le quinoa avec le sel, les graines de lin, la levure chimique, le bicarbonate de soude et la farine.

3. Dans un autre bol, mélangez tous les ingrédients humides comme la compote de pommes, la banane et la purée de patate douce.

4. Verser les ingrédients humides dans les ingrédients secs et bien mélanger à l'aide d'un batteur.

5. Versez cette pâte dans chaque moule à muffins un par un. Faites-les cuire pendant environ 50 minutes pour obtenir des muffins moelleux et humides.

6. Laissez les muffins refroidir dans un réfrigérateur et savourez-les !

Milk-shake à la fraise

Rendement : 2 portions

Ingrédients

- ¾ tasse de crème fraîche épaisse
- 60 g de fromage à la crème
- 6 fraises, coupées en tranches
- 6 glaçons

Préparation

1. Mélangez tous les ingrédients dans votre mixeur et faites-le tourner jusqu'à ce que le mélange soit lisse.

2. Versez le mélange dans deux grands verres et servez.

Smoothie aux baies

Rendement : 1 portion

Ingrédients

- 1 banane mûre
- 1 tasse (140 g) de mûres, framboises ou fraises, fraîches ou congelées
- Une poignée de jeunes épinards frais
- Jus de ½ citron

Préparation

1. Mixez les feuilles de jeunes épinards dans une petite quantité d'eau.

2. Pelez la banane et ajoutez-la aux épinards dans votre mixeur, ainsi que le reste des ingrédients.

3. Mixez jusqu'à obtenir une texture lisse et crémeuse.

Smoothie à la pêche

Rendement : 4 portions

Ingrédients

- 5 pêches mûres, coupées en dés
- 1 cuillère de cardamome en poudre
- 1 banane, hachée
- 120 ml de jus de citron
- 1 litre de lait d'amande
- 2 cuillères de graines de chia
- Quelques glaçons

Préparation

1. Mélangez les pêches en dés, la banane, le lait d'amande et le jus d'orange dans un robot culinaire et mixez-les jusqu'à l'obtention d'une consistance lisse.

2. Saupoudrez de cardamome en poudre et remuez bien.

3. Versez le smoothie dans de grands verres. Ajoutez des glaçons et dégustez !

Ananas grillé au citron

Rendement : 6 portions

Ingrédients

- 1 ananas, pelé, évidé et tranché
- 1 cuillère de miel
- 1 pincée de poivre de Cayenne
- 1 pincée de sel
- 4 cuillères de lait de coco
- 3 quartiers de citron vert

Préparation

1. Réglez les grilles à feu moyen élevé. Lorsqu'elles sont chaudes, placez les tranches d'ananas sur le gril et faites-les cuire 2 à 3 minutes de chaque côté jusqu'à ce qu'elles soient légèrement carbonisées. Déposez l'ananas sur un plat de service.

2. Dans un petit bol, mélangez le miel, le poivre de Cayenne et le sel. Saupoudrez le mélange sur l'ananas. Arrosez le tout de lait de coco et de jus de citron vert.

3. Servez le plat chaud ou à température ambiante.

Brownies

Rendement : 18 portions

Ingrédients

- 1 tasse (225 g) de beurre non salé
- ½ tasse (40 g) de poudre de cacao
- 4 œufs
- 2 cuillères de vanille
- 1 tasse (120 g) de farine à pâtisserie

Préparation

1. Préchauffez le four à 180 °C.

2. Faites fondre le beurre et le cacao au micro-ondes, en remuant une ou deux fois. Une fois fondus, ajoutez les œufs et la vanille. Remuez pour bien mélanger, puis ajoutez la farine.

3. Versez le mélange dans un moule graissé. Faites-le cuire au four pendant 25 minutes.

Biscuits aux carottes

Rendement : 30 biscuits

Ingrédients

- 1 tasse (110 g) de carottes râpées
- ½ tasse (115 g) de yaourt nature
- 2 cuillères d'huile de colza
- 1 cuillère de vanille
- 1½ tasse (270 g) de dattes
- 1½ tasse (180 g) de farine à pâtisserie
- ½ cuillère de bicarbonate de soude

Préparation

1. Préchauffez le four à 180 °C. Enduisez une plaque à pâtisserie d'huile végétale ou recouvrez-la de papier cuisson.

2. Dans un bol moyen, mélangez les carottes, le yaourt, l'huile, la vanille et les dattes. Laissez-les reposer pendant 15 minutes.

3. Incorporez le reste des ingrédients secs en remuant jusqu'à ce qu'ils soient bien mélangés. Déposez des cuillères arrondies de mélange sur la plaque à pâtisserie, en respectant un espacement d'environ 3 cm. Faites-les cuire au four pendant 15 minutes ou jusqu'à ce que le dessus des biscuits reprenne sa forme initiale lorsqu'on les touche légèrement.

Barres de noix de coco

Rendement : 16 barres

Ingrédients

- 2 tasses de noix de coco râpée
- ½ tasse d'huile de noix de coco, ramollie
- ¼ tasse de lait de noix de coco
- ½ cuillère d'extrait de noix de coco
- 85 g de chocolat noir, haché

Préparation

1. Recouvrez un moule carré de papier sulfurisé, en laissant un surplus pour faciliter le retrait.

2. Dans un bol moyen, fouettez ensemble la noix de coco, l'huile de noix de coco, le lait de coco et l'extrait de noix de coco. Remuez jusqu'à ce que le tout soit bien mélangé.

3. Pressez fermement et uniformément le mélange de noix de coco dans le fond du moule tapissé et réfrigérez-le jusqu'à ce qu'il soit ferme, environ 1 heure.

4. Dans un bol placé sur une casserole d'eau à peine frémissante, remuez le chocolat haché et une cuillère d'huile de noix de coco jusqu'à ce qu'il soit fondu et lisse. Étalez le mélange de chocolat fondu sur la base de noix de coco refroidie et laissez prendre environ 10 minutes.

5. Soulevez par le papier sulfurisé par le surplus et coupez-en 16 barres.

Cake au chocolat à la mijoteuse

Rendement : 10 portions

Ingrédients

- 120 g de farine d'amande blanchie
- ⅓ tasse de cacao en poudre
- 1½ cuillère de levure chimique
- ¼ cuillère de sel
- 3 gros œufs
- 6 cuillères de beurre non salé, fondu
- ⅔ tasse de lait d'amande non sucré
- ¾ cuillère d'extrait de vanille
- ⅓ tasse de pépites de chocolat (facultatif)

Préparation

1. Lubrifiez l'intérieur d'une mijoteuse.

2. Dans un bol moyen, fouettez ensemble la farine d'amandes, la poudre de cacao, la levure chimique et le sel. À l'aide d'une spatule, incorporez les œufs, le beurre fondu, le lait d'amande et l'extrait de vanille en remuant, puis ajoutez les pépites de chocolat, si désiré.

3. Versez la pâte dans la mijoteuse graissée et laissez-la cuire à feu doux pendant 2 heures.

4. Éteignez la mijoteuse et laissez refroidir le cake pendant 30 minutes, puis coupez-le en morceaux et servez-le chaud.

Boules d'amandes à la noix de coco

Rendement : 20 portions

Ingrédients

- 2 tasses de farine d'amandes
- ¼ tasse de sirop d'érable
- 2 cuillères d'huile d'amande
- 2 cuillères de zeste de citron
- 1 cuillère de cannelle moulue
- ¼ cuillère de sel
- ¼ tasse de noix de coco râpée

Préparation

1. Mélangez la farine d'amandes, le sirop d'érable, l'huile d'amandes, le zeste de citron, la cannelle et le sel dans le bol d'un robot culinaire. Mixez jusqu'à ce que le mélange soit bien mélangé et légèrement collant.

2. Tapissez une grande assiette ou une petite plaque à pâtisserie de film plastique et divisez la pâte en 20 portions. Roulez chaque portion en une boule.

3. Placez la noix de coco râpée sur une petite assiette et roulez chaque boule dans la noix de coco, puis remettez dans l'assiette ou la plaque à pâtisserie. Les boules d'amandes peuvent être servies immédiatement ou conservées couvertes au réfrigérateur.

Cake au beurre

Rendement : 8 portions

Ingrédients

- ½ tasse de beurre non salé, ramolli
- 1 cuillère d'extrait d'amande
- 1 gros œuf, légèrement battu
- 150 g de farine d'amande blanchie
- ½ cuillère de levure chimique
- ½ cuillère de sel
- 1 cuillère d'amandes effilées

Préparation

1. Préchauffez le four à 175 °C et graissez un moule à tarte.

2. Dans un grand bol, battez le beurre et l'extrait d'amande au batteur électrique jusqu'à consistance homogène. Ajoutez l'œuf, en conservant 2 cuillères, en battant. Incorporez la farine d'amandes, la levure chimique et le sel et battez jusqu'à ce que le mélange soit homogène. La pâte sera assez épaisse.

3. Étalez la pâte dans le moule à tarte graissé et lissez le dessus. Badigeonnez le reste de l'œuf sur le dessus. Saupoudrez d'amandes effilées ou arrangez les amandes dans un motif décoratif.

4. Faites cuire le cake pendant 30 minutes, jusqu'à ce qu'il soit gonflé et doré.

5. Retirez le cake du four et laissez-le refroidir complètement dans le moule. Mettez le cake au réfrigérateur pendant au moins 1 heure avant de le couper.

Cake à l'orange

Rendement : 12 portions

Ingrédients

- 300 g de farine d'amandes
- 1 cuillère de cardamome moulue
- 2 cuillères de levure chimique
- ½ cuillère de sel
- 3 gros œufs
- ½ tasse d'huile d'avocat
- ¼ tasse d'eau
- 2 cuillères de zeste d'orange
- ¼ tasse de jus d'orange frais
- ½ cuillère d'extrait de vanille

Préparation

1. Préchauffez le four à 160 °C et graissez soigneusement un moule à cake.

2. Dans un grand bol, fouettez ensemble la farine d'amandes, la cardamome, la levure chimique et le sel.

3. À l'aide d'une spatule, incorporez les œufs, l'huile, l'eau, le zeste d'orange, le jus d'orange et l'extrait de vanille en remuant jusqu'à homogénéité. Versez la pâte dans le moule graissé et lissez le dessus.

4. Faites cuire le cake pendant 50 minutes, jusqu'à ce qu'il soit doré et ferme au toucher. Laissez refroidir dans le moule pendant 15 minutes, puis desserrez-le doucement à l'aide d'une spatule et retournez-le sur une grille pour refroidir complètement.

Cake à la citrouille

Rendement : 2 cakes

Ingrédients

- ¼ tasse de purée de citrouille
- 1 cuillère d'huile de noix de coco fondue
- 1 cuillère de farine de noix de coco
- ¼ cuillère d'épices pour tarte à la citrouille
- ¼ cuillère d'extrait de vanille
- 1 gros œuf

Préparation

1. Dans un bol moyen, fouettez tous les ingrédients ensemble jusqu'à ce qu'ils soient bien mélangés. Répartissez la pâte entre deux ramequins ou tasses de 120 g allant au micro-ondes.

2. Faites cuire au micro-ondes à puissance élevée pendant 2 minutes, jusqu'à ce que les cakes soient gonflés et pris. Servez les cakes immédiatement.

Mousse au chocolat et à la framboise

Rendement : 8 portions

Ingrédients

- 340 g de framboises surgelées
- 225 g de pépites de chocolat noir
- 1 tasse de crème à fouetter épaisse

Préparation

1. Pour préparer une purée de framboises, il suffit de laisser dégeler les framboises congelées puis de les passer au tamis à mailles fines pour en retirer les pépins.

2. Faites chauffer la purée de framboises dans une casserole à feu moyen jusqu'à ce que des bulles commencent à se former.

3. Retirez la casserole du feu et laissez-la reposer pendant une minute. Versez ensuite les pépites de chocolat dans la casserole et remuez juste pour enrober le chocolat dans la purée.

4. Laissez la casserole de côté pendant 3 minutes. Pendant ce temps, fouettez ou battez la crème jusqu'à ce qu'elle atteigne des pics fermes.

5. Mélangez le chocolat et la purée de framboises jusqu'à ce que le mélange soit lisse, puis versez le tout dans un grand bol. Incorporez un tiers de la crème fouettée dans le chocolat.

6. Ajoutez ensuite le reste de la crème en pliant jusqu'à ce que toutes les stries blanches aient disparu. Mettez la préparation au réfrigérateur jusqu'au moment de servir.

Glace crémeuse à la vanille

Rendement : 3 portions

Ingrédients

- 2 gros œufs
- 3 gros jaunes d'œufs
- ½ gousse de vanille
- 1⅓ tasse de crème à fouetter épaisse
- ½ cuillère d'extrait de vanille

Préparation

1. Placez les œufs et les jaunes d'œufs dans un bol résistant à la chaleur sur une casserole d'eau à peine frémissante. Fouettez continuellement jusqu'à ce que le mélange épaississe, 5 à 7 minutes. Retirez le bol de la casserole et laissez refroidir le mélange jusqu'à ce qu'il soit tiède, en fouettant fréquemment.

2. Coupez la gousse de vanille dans le sens de la longueur et grattez les graines à l'aide d'un couteau aiguisé. Incorporez les graines de vanille dans le mélange d'œufs.

3. Dans un grand bol, à l'aide d'un batteur électrique, fouettez la crème avec l'extrait de vanille jusqu'à ce qu'elle forme des pics fermes. Ajoutez le mélange d'œufs à la crème fouettée et incorporez délicatement jusqu'à ce qu'il ne reste plus de traces.

4. Transférez le mélange dans un contenant hermétique et congelez jusqu'à ce qu'il soit ferme, environ 8 heures.

Mousse au chocolat et aux noisettes

Rendement : 6 portions

Ingrédients

- ¼ tasse de beurre non salé, ramolli
- ½ tasse pâte à tartiner au chocolat
- ½ tasse de crème à fouetter épaisse
- ½ cuillère d'extrait de noisette

Préparation

1. Dans un bol moyen, battez le beurre au batteur électrique jusqu'à consistance lisse. Ajoutez la pâte à tartiner au chocolat et battez jusqu'à ce que le tout soit bien mélangé.

2. Incorporez la crème épaisse et l'extrait dc noisette et battez jusqu'à consistance lisse. Si le mélange est très épais, ajoutez de la crème épaisse et battez jusqu'à consistance lisse.

3. Versez la mousse dans 6 tasses à dessert. Servez-les immédiatement ou réfrigérez-les jusqu'au moment de servir.

Fudge au chocolat

Rendement : 40 carrés

Ingrédients

- 1½ tasse de beurre de noix de coco
- 400 ml de lait de coco
- 10 onces de pépites de chocolat noir

Préparation

1. Tapissez un moule carré de papier sulfurisé ou de papier d'aluminium.

2. Dans une petite casserole à feu doux, faites fondre le beurre de coco. Incorporez le lait de coco et les pépites de chocolat. Faites cuire à feu doux, en remuant fréquemment, jusqu'à ce que les pépites de chocolat soient fondues.

3. Versez le mélange dans le moule. Placez le mélange au réfrigérateur jusqu'à ce qu'il soit pris, soit environ 2 heures. Tranchez le fudge avant de le servir.

Crème au café

Rendement : 4 portions

Ingrédients

- 1 tasse plus 2 cuillères de lait de coco
- 1 gros œuf
- 2 gros jaunes d'œufs
- ½ cuillère d'extrait de vanille
- 1 cuillère de poudre de Nespresso

Préparation

1. Dans un bol moyen, fouettez tous les ingrédients jusqu'à ce que la poudre de Nespresso soit dissoute et que tout soit bien mélangé.

2. Répartissez le mélange dans quatre ramequins ou de petites tasses à café et placez les ramequins dans une mijoteuse.

3. Ajoutez assez d'eau dans la mijoteuse pour remonter les ramequins à mi-hauteur.

4. Faites cuire à feu vif pendant 2 heures, jusqu'à ce que la crème soit prise.

5. Retirez les ramequins et laissez-les refroidir à température ambiante, puis mettez-les au réfrigérateur pendant 2 heures avant de les servir.

Pomme aux raisins secs

Rendement : 1 portion

Ingrédients

- 1 pomme moyenne
- 1 cuillère de raisins secs
- 1 pincée de cannelle
- 2 cuillères de sirop d'érable

Préparation

1. Placez les raisins secs dans un bol résistant à la chaleur et versez de l'eau bouillante dessus. Laissez-les tremper jusqu'à ce qu'ils soient bien gonflés et laissez-les dans le liquide de trempage jusqu'à ce que vous soyez prêt à les cuire.

2. Lavez une pomme et enlevez la plus grande partie du trognon, en laissant environ un centimètre au fond. Retirez une fine bande de peau autour de la cavité. Placez la pomme dans un plat ou un bol allant au micro-ondes. Saupoudrez l'intérieur d'un peu de cannelle et remplissez de raisins secs égouttés. Versez une cuillère à café de l'eau de trempage sur les raisins secs et arrosez le sirop sur les raisins secs et le dessus de la pomme.

3. Faites cuire la pomme au micro-ondes, sans couvrir, à puissance élevée jusqu'à ce que la pomme soit tendre, pendant 3 à 5 minutes, en testant à la fourchette après 3 minutes. Laissez refroidir pendant 5 minutes avant de servir.

Pudding au beurre d'arachide

Rendement : 1 portion

Ingrédients

- ½ cuillère de poudre de cacao non sucrée
- 1 cuillère de beurre d'arachide
- 1 cuillère de miel (facultatif)
- 1 tasse de lait écrémé
- 3 cuillères de graines de chia

Préparation

1. Dans un bocal ou un autre récipient muni d'un couvercle, mélangez au fouet la poudre de cacao, le beurre d'arachide, le miel (si vous en utilisez) et le lait.

2. Incorporez les graines de chia en remuant. Mettez au réfrigérateur pendant au moins 6 heures ou toute une nuit.

Parfait au beurre d'arachide

Rendement : 2 portions

Ingrédients

- 1 tasse de yaourt grec à la vanille
- 1 banane moyenne, coupée en tranches
- 2 cuillères de beurre d'arachide
- 2 cuillères de cacao

Préparation

1. Placez le beurre d'arachide dans un petit plat allant au micro-ondes. Faites-le cuire au micro-ondes pendant 15 à 20 secondes ou jusqu'à ce qu'il soit liquide et facile à verser.

2. Versez la moitié du yogourt dans deux verres. Ajoutez la moitié des tranches de banane et arrosez avec la moitié du beurre d'arachide. Étalez le reste du yogourt, les tranches de banane et le beurre d'arachide. Garnissez le tout de pépites de cacao et servez.

Comment sauver une recette gâchée ?

Les mots ne peuvent pas exprimer à quel point ça me fait mal quand quelqu'un dit qu'une recette n'a pas fonctionné, alors il a tout jeté. S'il vous plaît, ne faites pas ça. Arrêtez-vous et réfléchissez. Ces ingrédients sont chers, et il y a un moyen de sauver presque tout. Ce n'est peut-être pas le dessert que vous aviez en tête, mais il peut quand même être merveilleux. Il pourrait même être meilleur que l'original ! Vous devez juste sortir des sentiers battus.

Le gâteau s'est cassé en sortant de la casserole. Ça arrive aux meilleurs d'entre nous. S'il se casse en deux ou trois morceaux, vous pouvez parfois le recoller et le geler ou le glacer, et personne n'en sera plus sage. Cependant, si c'est vraiment un gâchis, alors il y a quelque chose que vous pouvez faire avec :

- Cake truffe : Émiettez le tout, ajoutez un peu de beurre fondu, lissez le tout et roulez le tout en boules. Points bonus pour tremper les boules dans le chocolat. Les enfants adorent ce genre de gâterie !

- Parfaits : Émiettez le gâteau en gros morceaux et nappez-les de crème fouettée ou de pudding. Vous pouvez faire une seule grande bagatelle ou des petits parfaits individuels.

Votre gâteau est dégonflé. Cela peut se produire pour un certain nombre de raisons, y compris une vieille levure chimique ou le fait de ne pas cuire le gâteau assez longtemps.

Transformez-le en positif en remplissant ce trou de baies et de crème fouettée. Les gens pourraient même penser que tu avais l'intention de le faire.

Le fond de vos biscuits a brûlé. Grattez les dessus et transformez-les en truffes, parfaits ou sundaes. Qui va dire non à des cookies émiettés sur sa glace ? Je ne le ferai certainement pas !

La garniture n'a pas pris correctement ! Tant de variables peuvent entrer dans les puddings et autres desserts crémeux. Plutôt que de servir un désordre gluant, il suffit de mettre le tout au congélateur et de le transformer en un savoureux dessert glacé.

La garniture a caillé. Cuisiner avec des œufs peut être délicat ; appliquez un peu trop de chaleur pendant trop longtemps et tout à coup, vous avez quelque chose qui ressemble à des œufs brouillés sucrés. Tout n'est pas perdu ! Retirez-le du feu le plus rapidement possible et transférez-le dans un mélangeur pour le lisser de nouveau.

Votre chocolat est gelé. Et voilà, vous vous entendez bien avec votre chocolat fondu, et tout d'un coup, ça devient un drôle de bric-à-brac. C'est frustrant ! Mais même s'il semble destiné à la poubelle, il vaut la peine d'essayer de le sauver. Gardez le chocolat à feu doux et ajoutez plus de liquide, comme de l'eau, 1 cuillère à soupe à la fois, en fouettant constamment. Cela ne fonctionne pas toujours, mais souvent le chocolat redevient lisse.

Cela dit, si vous avez accidentellement utilisé du sel au lieu d'édulcorant ou fait une autre erreur folle, vous devrez peut-être jeter votre dessert. Ensuite, allez directement à la cuisine et assurez-vous que tous vos contenants sont bien étiquetés !

Manufactured by Amazon.ca
Bolton, ON